27 Avril 1883.

P

COLLECTION

DE FEU

M. le Comte E. de VIEL-CASTEL

V. 11

Vᵉ RENOU, MAULDE et COCK
IMPRIMEURS DE LA COMPAGNIE DES COMMISSAIRES-PRISEURS
Rue de Rivoli, 144.

Collection de Feu M. le Comte Édouard de VIEL-CASTEL

CATALOGUE

De 378 Pièces

EN ANCIENNE

PORCELAINE DE SÈVRES

PATE TENDRE

DONT UN

SUPERBE VASE, FORME OVOIDE

Fond bleu de roi, décor à personnages (Haut. 35 c.)

ET

PORCELAINES ANCIENNES DE SAXE ET DE CHINE

GROUPES ET STATUES EN MARBRE

OBJETS MOBILIERS EN MARBRE

TRÈS BEAU MOBILIER EMPIRE, ORNE DE BRONZES DORÉS

EXÉCUTÉ PAR **JACOB**

Remarquable paire de Vases en faïence hispano-mauresque

BRONZES D'ART ET D'AMEUBLEMENT

Époque du Premier Empire

STATUES EN TERRE CUITE, DE L'ÉPOQUE LOUIS XVI

Diane de Poitiers, Bas-Relief, marbre du XVIe siècle

PROVENANT DU CHATEAU D'ANET

50 KILOGRAMMES

DE

Magnifique Argenterie anglaise ciselée, de l'époque de Georges III

EXÉCUTÉE PAR **LEWIS**

UNE TAPISSERIE DES GOBELINS

VULCAIN, D'APRÈS **AUDRAN**

Dont la vente aura lieu

Par suite du Décès de M. le Comte Édouard de Viel-Castel

HOTEL DROUOT, SALLE N° 2

Les Vendredi 27 et Samedi 28 Avril 1883

A DEUX HEURES ET DEMIE PRÉCISES

Me Paul GÉRARD	M. GANDOUIN
COMMISSre-PRISEUR	EXPERT DES DOMAINES NATIONAUX
rue Labruyère, n° 3 bis	rue Le Peletier, n° 42

CHEZ LESQUELS SE DISTRIBUE LE CATALOGUE

EXPOSITIONS

PARTICULIÈRE	PUBLIQUE
Le Mercredi 25 Avril 1883	Le Jeudi 26 Avril 1883

Le Catalogue avec Photographie des Porcelaines de Sèvres : **3 francs**.

PARIS — 1883

CONDITIONS DE LA VENTE

Elle sera faite au comptant.

Les Acquéreurs paieront CINQ POUR CENT, en sus des adjudications, applicables aux frais.

L'Expert chargé de la Vente, se réserve la faculté de réunir ou diviser les lots.

Les Tares et Défauts seront annoncés à chaque mise en vente des Objets, et il ne sera admis aucune réclamation une fois l'adjudication prononcée.

En cas de contestation sur une enchère, l'Objet sera immédiatement remis en vente.

LE CATALOGUE SE DISTRIBUE :

à **LONDRES** .... Chez MM. CHRISTIE et Cie, 8, King Street Saint-James S. W. ;
à **BRUXELLES**.......... — M. LAMPE, Expert des Musées royaux, rue Traversière, 82 ;
à **COLOGNE**............. — MM. BOURGEOIS, frères ;
à **FLORENCE**........... — M. RIBLET ;
à **MILAN**................ — Ve ARRIGONI, 6, Corso Venezia.

L'Ordre des Vacations des 27 et 28 Avril sera affiché dans la Salle

DÉSIGNATION

PORCELAINES ANCIENNES DE SÈVRES

PATE TENDRE

1 — **TRÈS BEAU VASE,** de forme ovoïde, en ancienne porcelaine de Sèvres, pâte tendre, fond bleu de roi. A deux anses détachées et dorées, ornées de cabochons, sous lesquelles passent des guirlandes de laurier dorées; il offre, sur la face principale, un grand médaillon ovale de la plus belle finesse d'exécution, représentant un groupe de 5 personnages, en polychrome, regardant un montreur d'ours, composition dans le goût de Leprince. Le médaillon opposé offre une vue de parc avec vase contenant des fleurs; au pied du vase, des pivoines, et de l'autre côté, un cep de vigne.

8000 — Bon Adolphe de Rothschild

Lettre B. 1754. Hauteur, 35 c.

Très belle qualité de l'époque Louis XV.

2 — Magnifique **SERVICE** aux armes de M. de Sartine, en ancienne porcelaine de Sèvres, pâte tendre, décoré de jetés de roses ; les ceintures et marli à pois d'or entourés d'œils-de-perdrix rouges, verts et bleus, offrent des réserves encadrées d'or et renfermant chacune une rose. Toutes les grosses pièces sont armoriées et au revers, dans le médaillon correspondant, sont ornées des mêmes armoiries.

Il se compose de :

2 Seaux.
1 Seau, plus petit.
4 Raviers.
2 Compotiers.
2 Verrières.
2 Jardinières.
2 Ecuelles.
4 Beurriers.
1 Plateau ovale.
1 Plateau ovale, plus petit.
57 Assiettes.
2 Assiettes en pâte dure.
2 Rafraîchissoirs en pâte dure.

3 — Très beau **SERVICE** en ancienne porcelaine de Sèvres, pâte tendre, décoré au centre d'un bouquet de fleurs encadré d'un large filet bleu rehaussé d'or; le marli des pièces offre deux filets semblables, entre lesquels sont semés des bouquets et des rehauts d'or, époque Louis XVI, différentes lettres et signatures d'artistes.

Il se compose de :

4 petits Seaux.
4 Raviers.
4 Compotiers.
2 Verrières.
2 Glacières.
2 Ecuelles à plateaux mobiles.
80 Assiettes plates.
2 Coupes porte-pots à crème.
14 petits Pots.
2 Coquetières.
4 Plateaux carrés.
4 Plateaux ovales.
18 Assiettes creuses.
12 Assiettes à dessert.

Très belle qualité.

4 — Très beau **SERVICE** en ancienne porcelaine de Sèvres, pâte tendre, décor dit *au barbeau* à filets bleus et dorés, époque Louis XVI.

Il se compose de :

97 Assiettes.
4 Beurriers.
13 Assiettes creuses.
4 Raviers, pâte dure.
1 Bol, pâte dure.
3 Plats, forme dite gondole, pâte dure.

5 — Douze Tasses, ancienne porcelaine de Sèvres, pâte tendre, avec soucoupes ; décor de jetés de roses, forme dite cul-de-poule, époques Louis XV et Louis XVI.

6 — Sept autres **TASSES**, ancienne porcelaine de Sèvres, pâte tendre, décor de jetés de roses ; forme droite, époques Louis XV et Louis XVI.

PORCELAINES ANCIENNES DE SÈVRES

DÉCOR MODERNE

7 — Deux **JARDINIÈRES**, fond vert, à rehauts d'or, encadrant des réserves frant sur la face principale des bouquets en décor naturel, et sur la face opposée, des attributs champêtres.

Porcelaine ancienne de Sèvres, pâte tendre, décor moderne.

PORCELAINES ANCIENNES DE SAXE

8 — Quatre **RAVIERS**, forme feuille de vigne, avec décor au naturel de jetés de bouquets. Ancienne fabrique de Saxe.

9 — Magnifique **SOUPIÈRE** en porcelaine ancienne de Saxe, décor de semis de bouquets au naturel et le couvercle surmonté d'une figurine d'enfant, avec magnifique plateau de même décor, époque Louis XV.

10 — Autre très belle **SOUPIÈRE**, de même façon et époque que la précédente.

11 — Très belle **PAIRE DE FLAMBEAUX** en porcelaine ancienne de Saxe, à fleurs en relief et bouquets semés et décorés au naturel, époque Louis XV, rocaille.

12 Deux petites **JARDINIÈRES** carrées à fleurettes moulées dans la pâte et décor de bouquets de fleurs au naturel.

13 — Deux **FIGURES COUCHÉES** (Homme et Femme), près d'une corbeille, style Louis XV, époque de Marcolini.

14 — Très belle **PENDULE**, de même époque, ornée de nombreuses statuettes et de décor polychrôme avec armoiries.

15 — Très beau **SERVICE**, décor de semis de bouquets et ceintures, et marli à cachemire fond rose, époque Louis XV, composé de :

12 Tasses avec soucoupes.
1 Sucrier.

16 — Petit **SERVICE**, comprenant : Bol, Pot à lait, onze Tasses droites et Soucoupes, onze Tasses rondes, forme cul-de-poule avec reliefs, un petit Plateau.

PORCELAINES DE SAXE

ÉPOQUE DES MARCOLINI

17 — Très beau et très important **SERVICE** en porcelaine de Saxe, époque des Marcolini, décor au naturel de fleurs et oiseaux avec rehauts d'or et dont le marli est orné d'une dentelle dorée.

Composé de 162 pièces, dont détail suit :

4 grands Raviers, forme gondole.
4 grands Seaux.
14 petits Seaux.
2 grands Plats ronds.
2 autres Plats ronds.
8 Écuelles carrées.
2 Écuelles rondes.
2 Légumiers.
114 Assiettes, dont 18 creuses.
2 petits Beurriers, forme gondole.
4 Saucières.
2 Plats ovales.
1 Saladier.
1 Soupière et son Plateau.

18 — Très beau **SERVICE**, dont les Assiettes et Plats sont à marli doré, ajouré, imitant un travail de vannerie.

Ce Service, décoré de fleurs et oiseaux en polychrome à rehauts d'or, est composé de :

4 Compotiers.
26 Assiettes.
4 grands Plats ronds.
3 grands Plats ovales.
2 petits Plats.

PORCELAINES ANCIENNES D'AMSTEL

19 — Très beau **SERVICE** en ancienne porcelaine d'Amstel, décor de paysage, fleurs et insectes au naturel.

Composé de :

Plateau.
Cafetière.
Sucrier.
Pot à lait.
Bol.
Théière.
18 Tasses droites et forme cul-de-poule avec soucoupes.

Superbe qualité et décor de la plus grande finesse d'exécution.

PORCELAINE ANCIENNE DE SAINT-CLOUD

20 — **ÉCUELLE** à couvercle, porcelaine ancienne, pâte tendre de Saint-Cloud, à fleurs et branchages en relief.

—

PORCELAINES ANCIENNES DE LA CHINE

21 — Paire de grands **VASES** en porcelaine craquelée de la Chine, à ceintures en relief et masques dorés, ornés de montures en bronze ciselé et doré, de style rocaille.

22 — Très beau **VASE** en céladon, avec arabesques, ceintures diverses gravées sous couverte ; les anses figurées par des papillons en relief, et ornées d'une très belle monture en bronze ciselé et doré simulant des gerbes de roseaux et fleurettes de style rocaille.

23 — **BOL** à décor bleu d'enfants et femmes, époque de Kang-hi.

24 — Autre **BOL**, même époque, décor bleu, fleurs.

25 — Autre **BOL**, même époque, oiseaux et rochers.

26 — Autre **BOL**, même époque, avec sujets de chasse aux gazelles et lièvres.

27 — **ECUELLE** à couvercle, décor bleu femmes et enfants, époque de Kang-hi.

28 — **PLAT** rond, décor bleu, enfants sur champ réservé, même époque.

29 — Autre **PLAT**, de même époque, femmes sur champ réservé.

—

FAIENCE

30 — Deux très beaux et très importants **VASES** en faïence ancienne hispano-mauresque, à reflets mordorés et décorés d'armoiries sur fond bleu; le col rattaché à la panse par quatre anses surélevées et détachées de chaque pièce.

2605 — Wetterhan

Ces Vases sont ornés d'une monture en bronze doré de style mauresque.

EMAUX

31 — Deux grands **FLAMBEAUX** en émail ancien de Saxe, fond blanc, semis de bouquets au naturel, avec réserves à fond bleu ornés de mêmes bouquets, époque Louis XV.

BRONZES EMPIRE

32 — Paire de grandes **TORCHÈRES** à treize lumières, supportées par quatre griffes de léopard, bronzes ciselé et doré, époque du premier Empire.

33 — Très beau et important **LUSTRE** à vingt-quatre lumières, à rinceaux et binets, très richement ciselé et doré, époque du premier Empire.

34 — Belle **TRINGLE PORTE-PORTIÈRE**, ornée à ses extrémités de deux masques chimériques, bronze ciselé et doré de même époque.

35 — Huit **CHAINES** en bronze ciselé et doré de même époque.

36 — Trois **CADRES** à sommets cintrés en bronze ciselé et doré, ornés chacun de deux masques chimériques, bronze ciselé et doré, même époque, ayant encadré des fenêtres de 5 mètres de hauteur.

—

BRONZES DIVERS

37 — Très beau **VASE**, forme dite cratere, à anses détachées. Reproduction d'un vase antique, travail du premier Empire.

38 — **VÉNUS DE MÉDICIS.** Statuette en bronze. Reproduction de même époque.

39 — **FLUTEUR ANTIQUE.** Reproduction en bronze, de même époque.

OBJETS DIVERS

40 — **PENDULE** de l'époque Louis XVI, ornée d'un petit bas-relief en bronze doré. Jeune fille nue assise sur un rocher. Marbre sculpté, attribué à Falconnet, mouvement de Leroy.

41 — Six **VASES** en fonte, forme antique.

42 — Très belle **PENDULE** de l'époque Empire, marbre et bronze dorés et ciselés. Mouvement de Lepautre.

43 — Autre **PENDULE** en bronze doré, de même époque, avec figure allégorique représentant le Sommeil, et beau mouvement à cadran tournant, même époque.

44 — Paire de **CANDÉLABRES** en bronze ciselé et doré, même époque.

45 — **GALERIE DE FOYER**, de même époque, en bronze ciselé et doré.

—

GROUPES ET STATUES EN MARBRE

46 — **L'AMOUR ET PSYCHÉ.**

Très belle reproduction en marbre exécutée sous le premier Empire, d'après le marbre antique du Musée Capitolin, à Rome.

Grandeur de l'original.

47 — Le **PRINTEMPS.**

Statue en marbre, deux tiers nature, attribuée à Chaudet.

48 — **VANNEUSE ANTIQUE.**

Très jolie statue, demi-nature, attribuée à Canova.

49 — Très remarquable **BAS-RELIEF**, représentant Diane de Poitiers nue, assise, les pieds reposant sur un lion couché et figurant Vénus; près d'elle, des Amours; et dans l'intérieur, représenté, une scène où on la voit accompagnée de Mars.

Superbe œuvre de sculpture attribuée à Jean Goujon.

Cet objet provient du château d'Anet.

TERRES CUITES ANCIENNES

MARIN (Attribué à)

50 — Flore.

Statue en terre cuite, grandevr nature.

MARIN (Attribué à)

51 — Nymphe.

Statue en terre cuite, grandeur nature.

52 — Sanglier assis.

Reproduction, d'après l'antique, en terre cuite du Sanglier assis, du Musée du Vatican à Rome.

—

OBJETS MOBILIERS EN MARBRE

53 — Deux grandes **COLONNES** rondes, en vert antique, avec chapiteaux et bases en bronze ciselé.

54 — Deux autres **COLONNES** plates, avec chapiteaux et bases analogues, épousant la forme des colonnes.

55 — Très jolie **VASQUE DE FONTAINE** en marbre blanc statuaire, supportée par un pied à triple face orné de figures d'enfant sculptées, style antique.

56 — **VASQUE DE JARDINIÈRE** en marbre blanc statuaire, ornée d'une frise grecque sculptée.

MEUBLES DU PREMIER EMPIRE

Exécutés par JACOB (Signé)

57 — Cinq **FAUTEUILS** en bois d'acajou sculpté et ornés de masques d'animaux chimériques et d'ornements simulant des pattes de griffons en bronze ciselé et doré, époque du premier Empire.

58 — Deux très belles **ENCOIGNURES**, même bois, bronzes analogues, de même époque.

59 — Deux **SUPPORTS D'ENTRE-DEUX**, de même travail, bois bronze et époque.

60 — Deux **JARDINIÈRES** à quatre pieds, même bois, bronzes et époque.

61 — Quatre **TABOURETS**, de travail et époques identiques.

MEUBLES DIVERS

62 — Deux **MEUBLES** d'encoignure à une porte, simulant trois tiroirs en marqueterie de Boule.

63 — Deux petites **TABLES** rectangulaires à dessus en marqueterie de cuivre et écaille de Boule.

64 — Grand **BUREAU PLAT**, dont la table en marqueterie de cuivre et écaille de Boule.

65 — Deux très beaux **MEUBLES** en marqueterie de cuivre gravé sur fond noir, ornés de bronzes ciselés et dorés, exécutés d'après les meubles de Boule de la galerie du Louvre.

66 — Très belle **COMMODE** en bois marqueté de bois rose, bois d'amaranthe et bois debout, ornés de bronzes très finement ciselés et dorés, de l'époque Louis XV.

67 — Deux **VITRINES** d'encoignures en bois noir à filets de cuivre et moulures en bronze doré. Travail moderne.

ARGENTERIE ANGLAISE

De l'époque de Georges III

NOTA. — Toutes les Pièces d'Argenterie, dont détail suit, sont de style **Louis XV** rocaille et de style Louis XVI. Ces pièces ont été exécutées par **LEWIS**, fournisseur de Son Altesse le duc d'York.

---

68 — Très beau **VASE** de milieu, en argent massif, ciselé, orné de ceintures, d'achantes, grappes de raisins et tors de lauriers. Très riche ornementation.

Poids : 5,400 grammes.

69 — Deux très beaux **SEAUX** à rafraîchir, de même ornementation que le précédent et de superbe exécution.

Poids : 8,800 grammes.

70 — Grand **PLAT**, de forme ovale, argent massif, ciselé et à anses détachées, ornements rocaille, bien ciselé et d'un très beau style.

Poids : 3,750 grammes.

71 — Autre **PLAT** un peu plus petit, de mêmes style, façon, époque et ornementation.

Poids : 3,550 grammes.

72 — Autre **PLAT** un peu plus petit, de mêmes style, façon, époque et ornementation.

Poids : 3,500 grammes.

73 — **LÉGUMIER**, de forme ovale, avec cloche en argent massif ciselé, et d'ornementation pareille, même époque.

Poids : 2,300 grammes.

74 — Autre **LÉGUMIER**, de mêmes grandeur, travail et forme.

Poids : 2,000 grammes.

75 — Autre **LÉGUMIER**, de mêmes grandeur, travail et forme.

Poids : 2,000 grammes.

76 — Autre **LÉGUMIER**, de mêmes grandeur, travail et forme.

Poids : 2,050 grammes.

77 — **ECUELLE**, de mêmes travail, style et ornementation.

Poids : 1,920 grammes.

78 — Autre **ECUELLE** de mêmes époque et travail.

Poids : 1.920 grammes.

79 Très grande **CLOCHE**, forme ovale, mêmes style et ornementation.

Poids : 4,300 grammes.

80 — Autre **CLOCHE**, analogue à la précédente.

Poids : 4,300 grammes.

81 — Autre **CLOCHE** de même ornementation, plus petite.

Poids : 1,900 grammes.

82 — Autre **CLOCHE**, de même ornementation, plus petite.

Poids : 2,100 grammes.

OBJETS EN PLAQUÉ

Exécutés à la même époque, par LEWIS, de Londres

83 — Deux grandes **CLOCHES**, de mêmes ornementation et travail que celles en argent; les ornements d'application en argent ciselé.

84 — Deux autres **CLOCHES**, plus petites.

85 — Quatre **RÉCHAUDS** ovales.

86 — Deux **RÉCHAUDS** carrés.

SERVICES DE TABLE

87 — Très beau **SERVICE**, dont la monture, en argent ciselé doré, est enrichie de manches en agate moussue :

18 Cuillères.
36 Couteaux.
18 Fourchettes à dessert.
2 Pinces à sucre.
2 Casses-Noix.
18 Cuillères à entremets.
2 Cuillères à sucre en poudre.
2 Cuillères.
1 Cuillère à potage.
1 Cuillère à poissons.
5 Porte-Étiquettes à vin.

88 — 36 **COUTEAUX**, manches en porcelaine de Saxe, style rocaille, fond vert à réserves, ornés de bouquets en polychrôme, monture en argent ciselé.

89 — Très beau **SERVICE** en argent ciselé

185 — et niellé de Toula :

- 24 Couteaux.
- 12 Cuillères.
- 12 Fourchettes.
- 12 Cuillères à entremets.

41 / 70

TAPISSERIE DES GOBELINS

41900 fr —

VULCAIN

4.900—

Superbe panneau exécuté à la Manufacture royale des Gobelins, d'après les dessins de Claude Audran, et ayant fait partie d'une suite connue sous le titre les mois grotesques. Le fond de la tapisserie est jaune et les personnages et ornements sont exécutés avec la plus grande finesse.

Sera mis en vente sur mise à prix.

Ve Renou, Maulde et Cock, imprs de la Compagnie des Commissaires-Priseurs, rue de Rivoli, 144. 37315

Cette vente a produit la somme de frs 86,000 —

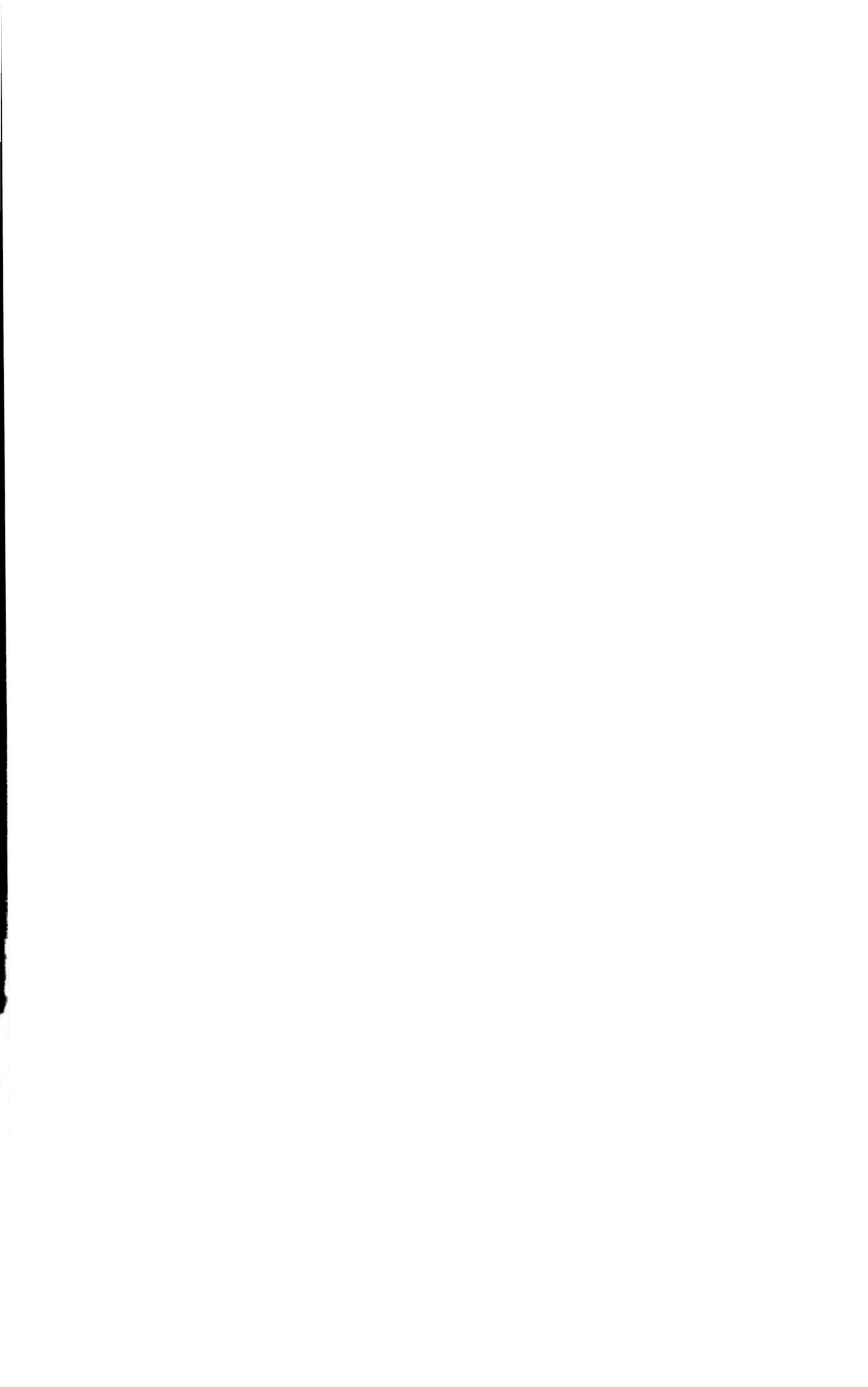

www.ingramcontent.com/pod-product-compliance
Ingram Content Group UK Ltd.
Pitfield, Milton Keynes, MK11 3LW, UK
UKHW022142260726
13993UKWH00005B/2112